Свинья Гороскоп 2024

Angeline A. Rubi y Alina A. Rubi

Публикуется самостоятельно.

Знакомство 5

Общие предсказания на год Дракона 11

Происхождение китайского гороскопа 15

Китайский элемент года 2024, дерево 19

Значение стихий в китайском гороскопе 25

Элемент Металл 25

Элемент Земли 30

Элемент огня 35

Элемент Дерево 40

Элемент воды 45

Совместимость и несовместимость 51

Металлический поросенок 59

Водяной поросенок 62

Деревянный поросенок 64

Огненный поросенок 66

Земляные свиньи 67

Прогнозы 2024 70

Сочетание знаков Зодиака с китайским гороскопом 74

Овен / Свинья 76

Телец / Свинья 77

Близнецы/Свинья 77

Рак/Свинья 78

Лев / Свинья 79

Дева /Свинья 79

Фунт /Свинья 80

Скорпион / Свинья 80

Стрелец /Свинья 81

Козерог/Свинья 82

Аквариум / Свинья 82

Рыбы /Свинья 83

Оформление дома в соответствии с требованиями фэн-шуй 85

Теория пяти элементов 86

Фэн-шуй для двенадцати знаков китайского гороскопа 87

Фэн-шуй 2024 93

Советы на 2024 год 97

Ритуалы начала китайского Нового года 2024 105

Ритуалы энергетического очищения 107

Об авторе 113

Знакомство

Китайский календарь является древним и сложным и никогда не упрощался. Многие культуры заменили лунный календарь на солнечный календарь.

Китайский, исламский и еврейский календари определяются фазами Луны. Это сложная система, поскольку они управляются не только лунными циклами, но и включают в себя солнечный цикл, цикл Юпитера и Сатурна.

Китайцы считают, что универсальная энергия управляется балансом. Концепция Инь и Ян является наиболее важной в этом балансе. Инь противоположен Ян и наоборот, но вместе они достигают полного равновесия.

Эту энергию можно найти во всем, что существует, как в материальном, так и в неосязаемом.

Символ Инь/Ян разделен на две половины, одна из которых черная (Инь), а другая белая (Ян). Обе части соединены посередине эллипсом, который соединяет их вместе, образуя кривую. Его цвета, черный и белый, означают, что дальность существует, и что для того, чтобы один мог существовать, другой, несомненно, должен существовать. Внутри Инь есть круг Ян, который символизирует, что тьма всегда требует света. Внутри Ян мы находим круг Инь, указывающий на то, что в свете мы всегда найдем тьму.

Эллипс, который связывает их вместе, означает, что все течет, трансформируется и развивается. Если есть дисбаланс одной из этих двух энергий, Инь или Ян, наша жизнь не сбалансирована, так как вместе они усиливаются. Мы никогда не должны думать, что одна энергия превосходит другую, обе должны совпадать в равной степени.

К сожалению, в нашем обществе существует тенденция благоприятствовать энергии Ян, считая ее характеристики наиболее значимыми.

Поступая таким образом, мы создаем разделение между духовным и материальным планами, ибо, уменьшая ценность энергии Инь, мы менее рефлексивны, думая, что восприимчивость — это негативная вещь, поскольку она подразумевает хрупкость.

То же самое происходит и с темнотой, мы не только избегаем ее, но и боимся ее. Обе энергии важны. Мы можем быть духовными существами только тогда, когда существует равновесие между Инь и Ян, потому что вы не только свет, но и тьма. Было бы ошибкой ценить и отдавать предпочтение сильным или действиям. Мы должны ценить и ценить женское начало и чуткость, потому что только так мы можем достичь истинного равновесия нашего существа с позиции любви и твердости.

В знаках китайского зодиака присутствуют энергии Инь и Ян, и именно они будут оговаривать характеристики каждого животного и связанных с ними стихий.

Энергия Инь связана с темной, холодной, женственной, абстракцией, бездной и Луной. Знаки Инь вдумчивы, чувствительны и любопытны. Это Бык, Кролик, Змея, Коза, Петух и Свинья.

Энергия Ян связана со светом, теплом, поверхностностью, Солнцем и логическим мышлением. Это импульсивные и материалистические знаки. Это Крыса, Тигр, Дракон, Лошадь, Обезьяна и Собака.

Энергии Инь и Ян связаны с элементами, которые, в свою очередь, будут производными от лет, в которые они происходят. Каждый элемент обладает энергией Инь и Ян.

Годы, оканчивающиеся на цифру **0,** его стихией являются Металл и связаны с энергией Ян.

Годы, оканчивающиеся на число 1, его стихией является Металл и связаны с энергией Инь.

Годы, оканчивающиеся на **цифру 2,** являются водой и связаны с энергией Ян.

 Годы, оканчивающиеся на цифру **3,** относятся к Воде и связаны с энергией Инь.

Годы, оканчивающиеся на число **4,** являются Деревом и связаны с энергией Ян.

Годы, оканчивающиеся на число **5,** ваша стихия - Дерево и связаны с энергией Инь.

Годы, оканчивающиеся на число **6**, ваша стихия - Огонь и связаны с энергией Ян.

Годы, оканчивающиеся на число **7**, относятся к стихии Огня и связаны с энергией Инь.

Годы, оканчивающиеся на число 8, ваша стихия – это Земля, и связаны с энергией Ян.

Годы, оканчивающиеся на число **9**, относятся к стихии Земли и связаны с энергией Инь.

Общие предсказания на год Дракона

10 февраля 2024 года начинается сенсационный Год Зеленого Деревянного Дракона, а согласно китайской астрологии, зеленый цвет символизирует жизнь, перемены и рост.

Ассоциированная планета - Юпитер, планета очень благоприятная; мы будем пожинать плоды, посеянные в 2023 году.

Год Дракона в 2024 году принесет нам удачу, процветание, благополучие и прогресс. У нас будет много возможностей для роста и трансформации, но также и вызовов, и сложностей, что подчеркнет необходимость прощения, сочувствия и мирных решений.

В годы, когда стихией является дерево, жизнь вознаграждает людей общительных и профессиональных. Получение высшего образования или путешествие — вот некоторые из возможностей этого года.

У нас будет возможность развить свои лидерские качества, это год новых начинаний и создания структур, которые будут работать в долгосрочной перспективе.

Этот год Дракона благоприятен для перемен и роста, так как энергия деревянного дракона обладает способностью вдохновлять на новые идеи и возвышать наше воображение.

Нам предстоит прожить несколько этапов, которые будут полны трудностей, но именно в эти моменты мы должны использовать энергию дракона, чтобы добиться успеха и преодолеть трудности.

В течение года не забывайте, что дракон олицетворяет перемены и адаптивность - качества, которые помогут нам расти и обновляться.

2024 год будет насыщен возможностями для развития, мы переживем множество политических, экономических, реляционных и экологических конфликтов, подчеркивая, что мирные решения — это ответ на любую проблему.

Этот год будет стимулировать нас к новым делам и развитию предпринимательства, так как энергия Дракона, его качества смелости и амбициозности будут вдохновлять нас.

 У нас разовьется множество адаптационных способностей, а терпение и настойчивость позволят преодолеть все невзгоды и двигаться к успеху.

Этот год также благоприятен для работы над своим духовным ростом, очень важно сохранять концентрацию на своих целях.

В целом, это будет год позитивных перемен и значительных достижений в нашей жизни, когда мы сможем найти любовь, укрепить отношения, добиться экономического и духовного процветания.

Происхождение китайского гороскопа

Китайский гороскоп - традиция, насчитывающая более 5000 лет, и основан на лунных годах.

По преданию, Будда призвал всех животных, однако на его зов явились только двенадцать, расположенные в следующем порядке: крыса, бык, тигр, кролик, дракон, змея, лошадь, коза, обезьяна, петух, собака и свинья.

Каждое животное получало в подарок год, образуя двенадцатилетний цикл, используемый в китайской астрологии. Таким образом, каждый знак имеет название животного, и каждому животному соответствует свой год.

Каждому животному также была присвоена одна из пяти стихий, соответствующих планетарным энергиям:

- вода (планета Меркурий)
- металл (планета Венера)
- огонь (планета Марс)
- дерево (планета Юпитер)
- Земля (планета Сатурн)

Китайский гороскоп выражает аналогию космических энергий с каждым человеком. Поэтому энергия каждого человека представлена одним из двенадцати животных, образующих эту зодиакальную систему.

Каждое животное и соответствующая ему энергия определяются датой вашего рождения. Эти энергии определяют ваше поведение и восприятие мира. Для китайцев эти знаки символизируют наиболее яркие особенности нашего характера. Чтобы правильно понять значение животных, необходимо рассматривать их как духовные символы.

Китайский гороскоп не основан на солнечном цикле, на котором базируется западный гороскоп. Он основан на циклах Луны. Каждый лунный год имеет двенадцать новолуний, а каждые двенадцать лет - тринадцатое, поэтому новый год никогда не совпадает с датой предыдущего года.

Двенадцать животных китайского гороскопа влияют на жизнь, удачу и волю всех людей. Эти качества не проявляются открыто в повседневной жизни, но они всегда присутствуют, действуя в виде скрытых сил.

Китайский период в двенадцать лет связан с транзитом планеты Юпитер, и каждый китайский лунный год в западной астрологии практически соответствует продолжительности транзита Юпитера по знаку зодиака. Юпитер всегда находится в том знаке западной астрологии, который традиционно соответствует животному в китайском гороскопе.

Китайский элемент года 2024, дерево

Элемент 2024 года - дерево. Дерево - творческий элемент. Если эта стихия соответствует вам по году рождения, то вам следует направить эту энергию в творческое русло.

Дерево символизирует сострадание и терпимость. Если вы хотите воспользоваться этими энергиями, важно в течение всего года окружать себя натуральными растениями, цветами и зелеными предметами.

Дерево - элемент, связанный со способностью проектировать и принимать решения, поэтому 2024 год будет годом развития, эволюции и расцвета.

Этот элемент связан с пищеварением, дыханием, сердцем и обменом веществ, а в традиционной китайской медицине он гарантирует непрерывный энергетический поток. Применительно к чувствам это означает правильное выражение наших эмоций.

В течение 2024 года дерево поможет нам обрести осознание и понимание объективной реальности. Оно принесет нам твердость и эмпатию в отношениях.

Дерево, связанное с нашей личностью, принесет нам необходимую дозу энтузиазма, решительности и динамизма, чтобы мы могли действовать и противостоять всем вызовам этого года.

Дерево - элемент, необходимый нам в этом году для принятия необходимых решений, для перемен, которые крайне важны.

Благодаря этому элементу мы будем иметь правильные стратегии, способность организовывать и сохранять контроль над всеми процессами, но при этом сохранять гибкость.

Хотя это и элемент 2024 года, если у вас есть бизнес и вы хотите, чтобы он процветал и имел экономическое изобилие, необходимо учитывать и другие элементы.

В бизнесе **стихия Воды** является наиболее важной, так как она олицетворяет изобилие, богатство, власть и способность управлять, накапливать и сохранять свои деньги.

Вода не может застаиваться. Она не должна находиться в вазе, если воду не меняют каждый день, так как застой воды препятствует получению прибыли и отталкивает клиентов.

Чтобы деньги текли, должна течь вода. Если у вас есть бассейн, то его нужно чистить, если есть фонтан, то он должен выполнять цикл входа и выхода из него. В аквариуме она должна двигаться и насыщаться кислородом. В трубах она должна течь, хотя бы раз в день ей нужно давать течь, открывая запорный кран.

В каждом бизнесе должна быть в движении стихия Воды, иначе он не будет накапливать товары и продвигаться вперед.

Даже если это всего лишь небольшой аквариум или емкость, в которой вода меняется каждый день.

Вода должна находиться у входа в бизнес или в северной или северо-западной зоне бизнеса, где хранятся деньги или осуществляется управление бизнесом.

Элемент Огня в бизнесе должен располагаться на юге помещения.

Она может находиться у входа, в конце или по бокам. Но если речь идет о пищевом бизнесе, то она может располагаться где угодно.

Огонь символизирует популярность и то изобилие, которое не накапливается, поэтому

Вода должна использоваться на противоположной стороне от Огня, так как Огонь привлекает клиентуру, а Вода поддерживает экономический поток.

Элемент **Земли** является первозданным, так как это основа, на которой держится все.

Два украшенных сосуда с засушенными цветами или каменный постамент могут символизировать стихию Земли.

Земля должна присутствовать в конструкции, а также находиться в центре помещения или на юго-востоке, поскольку именно там она проявляет себя наилучшим образом. Земля дает безопасность, но должна сопровождаться Огнем на Юге и Водой на Севере.

Земля стабильна, поддается формовке и является отражением всей планеты.

Если вы хотите, чтобы бизнес просто выживал и заботился о земной стихии, этого достаточно.

Элемент Металл очень динамичен и активен, имеет множество возможностей в бизнесе. В прошлом в Китае Металл считался золотом.

Элемент Металл олицетворяет силу и власть, постоянство, безопасность и богатство,

Его позиция - Запад, и не забывайте, что Металл усиливает любую позицию входа и выхода из бизнеса, наряду с кристаллом.

Деревянный элемент является основой конструкции, несмотря на свою хрупкость.

Дерево следует размещать на востоке бизнеса, но желательно располагать его диаметрально по отношению к Металлу.

Металл - на западе, Дерево - на востоке, Огонь - на юге, Вода - на севере, Земля - в центре, чтобы ваш бизнес всегда был успешным.

Значение стихий в китайском гороскопе

Элемент Металл

Люди, родившиеся в годы, оканчивающиеся на 0 или 1 в китайском гороскопе, относятся к стихии металла. Металл, материал, из которого делают щиты и мечи, — это элемент, символизирующий твердость и честность, а также суровость.

Металл - элемент осени, сезона урожая и изобилия. Он двойственен, как и функции его стихии, поскольку в виде меча он ликвидирует, а в виде ложки - питает. Металл происходит из земли, в нем доминирует Огонь, и он преобразует дерево.

Личность этих людей, принадлежащих к стихии металла, имеет тенденцию к ярко выраженной амбивалентности. Лучше всего им работается в одиночестве, так как они ни перед кем не отчитываются.

Они решительны, сами вершат свою судьбу, упрямы, профессиональны и равнодушны к любым попыткам компромисса. Их свобода превыше всего, и бесполезно пытаться давить на них, а тем более помогать им, потому что они никого не слушают и не приемлют вторжений и препятствий.

 Они предпочитают полагаться только на себя и ни на кого не производят впечатления, так как они могущественны и способны совершать великие дела.

Для них не существует трудностей, которые могут их остановить, и даже если ситуация становится несостоятельной, они сопротивляются до конца. Они амбициозны и расчетливы, любят деньги, власть и успех, и не пожалеют средств для достижения своих целей, даже если это будет означать разрыв отношений.

Они предназначены для профессий, позволяющих проявить свою стихию: ювелиры, финансисты, страховщики любого рода, слесари, шахтеры, хирурги, а также для любого контекста, который позволяет им выделиться среди других. Они также могут преуспеть в профессиях, связанных с деревом или бумагой.

Те, кто связан с водой, будут благоприятны для них, те, кто связан с землей, могут вызвать конфликты, а от тех, кто связан с огнем, им следует держаться подальше.

Их не интересуют чувства, их не трогают трудности других людей, и они манипулируют ими, если могут получить преимущество. Страдают от этого именно люди стихии дерева, поскольку она манипулирует ими и подавляет их лобовой агрессией. Однако люди водной стихии, поскольку они восприимчивы, получают эффективный толчок, который приносит им огромную пользу.

Единственные, кто действительно может их согнуть, — это люди, принадлежащие к стихии Огня, так как они с заразительной эмоциональностью доминируют над их бесчувственностью и суровостью.

Физически представителя стихии металла можно узнать по грустному взгляду и анемичному цвету лица. Они хрупки, склонны к стрессам, на них могут влиять перепады температуры и неправильное питание. Поэтому им следует возбуждать аппетит, делая упор на острую пищу.

Наиболее благоприятное время года для них - осень, в этот период они могут максимально раскрыть свои потенциальные возможности, но это не значит, что они должны переусердствовать или упрямиться. Ему следует носить белую одежду, а в качестве амулетов использовать металлы и белый кварц.

Металл жесткий и непреклонный, не боится опасности. Это независимый тип личности, который, движимый жадностью, действует настойчиво, концентрируется на успехе, планирует наперед и не приемлет спонтанного.

Приняв однажды выбранный путь, он уже не меняет его. Несмотря на внешнюю невосприимчивость, люди этой стихии излучают магнетизм, который воспринимается всеми, с кем они общаются. Однако, чтобы воспользоваться своими способностями, они должны научиться быть менее догматичными, так как это мешает им в отношениях.

Люди, родившиеся под знаком металла, должны воспитывать себя, чтобы уметь выражать свои эмоции. Если они этого не сделают, то почувствуют, что их энергия уменьшилась.

Элемент Земли

Люди, родившиеся в годы, оканчивающиеся на цифры 8 или 9, относятся к стихии Земли. Этой стихии соответствуют такие характеристики, как стойкость, упорство и плодовитость. Хотя в китайской астрологии Земля не имеет собственного сезона, в календаре она связана с последними двумя-тремя неделями других сезонов.

 Земля - стихия, олицетворяющая стабильность и осязаемость, но при избытке она превращает людей в осторожных, подозрительных и упрямых, ограничивая их инициативы и фантазии.

Человек стихии Земли терпелив и скромен, всегда работает с постоянством, не давая себе ни секунды на радость или расстройство. Он никогда не устает, может быть как жадным и материалистичным, так и наивным и осторожным. Самая несомненная его черта - подчеркнутое уныние. Он слишком серьезен, любит планировать и руководить, ужасно боится случайностей, и, хотя он умен и обладает исключительной памятью, ему мешает выглядеть блестяще.

Неутомимый рефлектор, амбициозный и тревожный, он подвержен, таким образом, перезарядке селезенки - органа, связанного с этой стихией и ослабленного при резкой психике человека.

Человек, принадлежащий к этой стихии, завязывает личные отношения постепенно, но прочно и надолго. Он очень предан и защитник в любви, всегда готов заключить договор и выполнять свои обязанности, и, хотя он не демонстративен в своих эмоциях, является плечом, на которое всегда можно рассчитывать, потому что он будет рядом в те моменты, когда вам это необходимо.

В работе они серьезны и уединены, но при этом организованны и надежны. Это именно те люди, которые ведут дела с моралью, строгостью и огнеупорной честностью. Рассудительность делает их непревзойденными посредниками в решении проблем, способствуя своим практичным и удобным выходам. Они подходят для профессий, требующих сноровки, но не предполагающих инициативы, а также для лидерских ситуаций.

Хотя ее нелегко переносить из-за капризности, ностальгии и неумения быть жизнерадостной, она хорошо взаимодействует с элементом металла, которому придает стабильность, и с водой, которую ей удается сдерживать и умело управлять.

Обычно он конфликтует с элементом Дерева, который хотя и защищает его, но иногда и душит, а также с Огнем, который подгоняет его в той же мере, в какой и ослабляет.

Элемент земли связан с планетой Сатурн. Вы должны быть очень осторожны с потреблением сладостей, то есть того, что вы любите, поскольку это связано с вашей стихией. Им всегда следует выбирать натуральные сладости и ограничить употребление белого сахара, так как он разрушает кальций в костной системе. Другим слабым местом является пищеварительная система, которая обычно сильно наказывает его, поэтому ему следует придерживаться легкой и легкоусвояемой диеты. Рекомендуется стремиться к прямому контакту с Матерью-Землей, ходить босиком по песку или в поле.

Его счастливый цвет - желтый, а кварц - топаз и цитрин.

Земля олицетворяет богатство, разумность, материализм и безопасность. Эти люди склонны к интроспекции, что обусловливает их высокую способность к рассуждениям. Земля - вместилище жизни, и это накладывает неизгладимую печать на тех, кто родился под влиянием этой стихии, поскольку это стабильные люди, которым можно делегировать полномочия.

Земля питается огнем, вырабатывая огромную энергию, которая нагревает и плавит металл, подчиняет себе воду и может поглотить дерево.

Чтобы чувствовать себя хорошо, человеку стихии Земли необходима материальная обеспеченность, хотя следует отметить, что они трудолюбивы, формальны и организованны. Их можно упрекнуть в претенциозности, но в силу своих достоинств они продвигаются к цели медленно, получая стабильные результаты.

Элемент огня

Люди, родившиеся в годы, оканчивающиеся на 6 или 7, соответствуют стихии огня. К этой стихии относятся страсть, смелость и лидерство. Стихия огня — это стихия летнего сезона, когда все плодоносит и достигает своего завершения. Она связана с планетой Марс, благотворной, но иногда импульсивной. Она чрезмерно стерильна и символизирует человека, который преуспевает, но при этом плохо обращается с другими. Бойкий, тщеславный, раздражительный, человек этой стихии переходит от гнева к безудержной радости.

С детства он обладает лидерскими качествами, в его жизни присутствует честолюбие, он любит опасности, смех, энтузиазм и конфликты. Трудности не отталкивают его, а побуждают к действию, и в этих случаях с ним происходят бурные метаморфозы.

Эти люди рождены, чтобы побеждать, но не умеют этого признать, потому что не умеют наблюдать за собой и использовать свою энергию. Они великолепны в военной сфере, в спорте, в качестве начальников, так как остальные гибнут перед их харизмой. Они умеют использовать энергию стихии дерева, ставя ее гений себе на службу, и вызывают у людей стихии земли жизненную смелость двигаться вперед.
Люди водной стихии склонны гасить свою страсть, а люди металлической стихии подвергают ее испытанию жесткостью, истощающей их энергетическое поле.

Наиболее легко повреждаемым органом у этих людей является сердце, возможна тахикардия. Кроме того, они могут страдать от проблем с ушами и кишечником. Им следует носить одежду ярких цветов, среди которых преобладает красный, а также использовать в качестве амулетов такие кварцы, как гранат и гематит. Также следует использовать благовония и свечи.

Эти харизматичные, страстные и беспринципные люди хорошо общаются и нацелены на действие. Их эгоизм и стремление к успеху не поддаются исчислению, и они полагаются только на собственное мнение. Они склонны пренебрегать деталями, так как иногда проявляют упрямство и берутся за достижение целей, требующих напряженной работы.

Люди, рожденные под влиянием стихии огня, позитивны, всегда отдают все силы и с любовью и желанием берутся за любое дело. Их энергия служит для поддержания окружающих, которым ее не хватает.

Огонь обогревает жилище, позволяет готовить пищу. Этот элемент питает землю через пепел, он питается сухим деревом, то есть древесиной, его тепло доминирует над металлом, то есть делает его гибким, а доминировать над ним может только вода.

Лидер всегда обладает избытком стихии огня и склонен к быстрому принятию решений. Его привлекают нестандартные идеи, он не боится опасности и всегда находится в движении. Ему важно научиться эмоциональному интеллекту, так как высокомерие может усилить эгоизм и сделать его неуправляемым, особенно когда он сталкивается с препятствиями. Этот само разрушительный стиль проявляется в основном в юности.

Успех сопутствует людям огненной стихии, но им следует быть очень осторожными с нестабильностью и неугомонностью, которые являются наиболее типичными недостатками рожденных под огнем. Лучше овладеть этими недостатками, чтобы не оказаться в их рабстве. Им следует искать тихое место, где они могут быть спокойны, а медитация также поможет им обрести равновесие.

Люди стихии огня упорны и прибыльны.

Элемент Дерево

Люди, родившиеся в годы, заканчивающиеся цифрами 4 или 5, относятся к стихии дерева. Дерево — это элемент, символизирующий гармонию, красоту и творчество. Они обладают очень высокой степенью уверенности в себе и железной волей, что делает их подходящими людьми для борьбы за правое дело.

Дерево связано с планетой Юпитер, это самая благотворная из стихий, символ постоянства и знания. Приспосабливаемое, оно удобно гнется и имеет множество применений, характеризуя общительных, уступчивых и честных людей.

Люди стихии дерева творческие и жизнелюбивые, но иногда они разбросаны и не могут найти свой путь и реализовать свои цели. Они доверяют окружающим до невинности, любят общаться со всеми подряд, постоянно открывая для себя что-то новое и удовлетворяя себя. Их привлекает природа и дети, они отдают предпочтение семье. Иногда они склонны к неоправданным ожиданиям, имеют привычку принижать свое тело, чрезмерно налегать на еду, увлекаться страстью и чувственностью.

Они привыкли выбирать себе в партнеры представителей водной стихии, от которых черпают смелость и поддержку, и представителей огненной стихии, которых они выгодно снабжают своими блестящими идеями.
Он не очень хорошо уживается с металлическим элементом, который безжалостно его разрушает.

Элемент Дерево узнаваем по зеленоватому цвету. Этим людям следует беречь глаза.

Дерево используется для строительства убежищ, поэтому оно защищает нас. Дерево совпадает с творческими способностями воды, и благодаря этому качеству они понимают и помогают другим.

Рожденные под стихией дерева испытывают внутренние противоречия, заставляющие их подчиняться правилам и традициям, где постоянно действует суровый приговор. Эта стихия питает воду и в то же время является топливом для огня. Ее энергию всасывает земля и подчиняет себе металл.

Люди стихии дерева всегда добиваются больших успехов, имеют желанную структуру. Их призвания многогранны. Они придают большое значение честности, стремятся найти постоянное место в жизни. Вера в успех и аналитические способности дают им возможность без колебаний решать самые сложные задачи.

Обладая невероятной силой убеждения, они работают во многих областях, поскольку всегда имеют целью развитие и трансформацию.

Природная воля помогает им двигаться вперед, они всегда находят поддержку и необходимый капитал, поскольку другие люди рассчитывают на их способность превращать идеи в богатство.

Его главное препятствие - доводить дело до крайности. Гнев и сдерживаемый гнев абсолютно негативно влияют на энергии этого элемента. Нахождение вблизи деревьев и прикосновение к ним уравновешивает стихию дерева.

На работе люди, принадлежащие к стихии дерева, отличаются организованностью, умом и находчивостью. В коммерческой деятельности они более плодотворны, когда работа носит командный характер и хорошо структурирована.

Ни одна сфера деятельности, связанная с их стихией, не является неблагоприятной, но та, что связана с огнем, может в той или иной степени повлиять на них, а та, что связана с металлом, разрушит их.

Элемент воды

Самый нечувствительный и генетический элемент, аффинный к зиме, долголетию и планете Меркурий, является управителем общения и глубоких привязанностей.

Человек водной стихии чувствителен, но герметичен. Он милосерден, сентиментален и раним, ненавидит критику и по этой причине предпочитает действовать скрытно, чтобы защитить себя.

Он сердечен, красноречив и в то же время благоразумен, умеет преодолевать неудачи без показухи, с хитростью, проницательностью и настойчивостью. Таким образом, он достигает своих целей косвенно и молча, производя впечатление внимательного и понимающего человека.

Недостаток энергии является проблемой для водного элемента, если он не научится уравновешивать свое бессилие силой, которая приходит от размышлений и общения с самыми глубокими частями своего существа. Паника всегда является путеводной нитью его драматической жизни, часто прожитой в темноте из-за страха проявить себя и вступить в борьбу.

На профессиональном уровне они стесняются конкуренции, однако хорошо работают в чистых и защищенных местах, таких как школы, книжные магазины, редакции или любые места, где общение, устное или письменное, является основным механизмом, и в компании мирных коллег, которые соответствуют их личности, например, кто-то из стихии дерева, с которым совпадает стремление к мудрости, или металла, от которого они получают решение.

 И наоборот, он не приспосабливается ни к представителям стихии огня, которых он гасит и отталкивает, ни к представителям стихии земли, с которыми он чувствует себя ограниченным, обусловленным и затрудненным.

Черный цвет благоприятствует им, но использовать его следует умеренно, поскольку он, как правило, отпугивает их. То же самое происходит с темными кварцами, привлекающими удачу, такими как струя, оникс и турмалин. Чтобы наилучшим образом использовать свои качества, не впадая в крайности и не распыляясь, человеку водной стихии следует начинать свои планы зимой.

В позитивные периоды любовных отношений представители этой стихии

проявляют нежность, уравновешенность и осторожность - потенциалы, позволяющие им вести себя с необходимой проницательностью, чтобы устранять причины конфликтов, если они возникают.

Они обладают невероятной способностью к рассуждению, хотя их замкнутый, глубокий и пасмурный характер приводит к тому, что они склонны к меланхолии. Им также свойственны неуверенность в себе и дерзость. Творчество - одна из основных характеристик представителей этой стихии, а также адаптация, мягкость, милосердие и сочувствие.

Без воды на земле не было бы живых существ, эта стихия чиста и Кристалина - качества, которыми обладают те, кто принадлежит к этой стихии.

Люди, принадлежащие к этой стихии, приветливы и прекрасно владеют собой. Они обладают оригинальной интуицией, которая позволяет им быстро завоевывать. Выносливость и ясность дают им возможность предсказывать события.

Они могут воспринимать способности других людей, эффективно их использовать, но при этом они сдержанны и не позволяют окружающим заметить, что они их используют.

Злоупотребления натрием или алкалоидами, а также жизненные прототипы, отклоняющиеся от общепринятых структур, очень вредны для людей, рожденных под стихией воды. Соблюдение режима сна, спокойное психическое и эмоциональное состояние, контакт с водой восстанавливают их гармонию и оптимизируют энергетику.

Люди, принадлежащие к знаку водной стихии, могут иметь профессии, связанные с деревом и огнем, и быть успешными, иметь работу, связанную с их собственной стихией, и отказываться от карьеры, функций и работы, связанных с землей, так как земля подчиняет себе воду.

Совместимость и несовместимость

Они совместимы:

Крыса - Дракон - Обезьяна.

Они общаются друг с другом через свои личности, которые очень активны и дружелюбны. Все трое трудолюбивы, нетерпеливы, страстны и неугомонны, всегда имеют высокие устремления. Они полны идей, обладают выдержкой и смелостью, необходимыми для их реализации, всегда приходят к новаторским, неожиданным, удивительным и сильным решениям.

Тигр - Лошадь - Собака.

Их объединяет удовлетворение, которое они испытывают при взаимодействии. Их объединяет скромность, достоинство, честность и упрямый альтруизм. Проницательные, проницательные и коммуникабельные, но немного жестокие и строгие, они энергично борются с неравенством, насилием и беззаконием. Эти три знака никогда не продают свою совесть.

Бык - Змея - Петух.

Эти три знака объединяет формальность, разумность и серьезность, которой они добиваются в своей жизни. Энергичные, предприимчивые и неутомимые, негибкие в своих решениях, они любят все переосмыслить и спокойно спланировать, прежде чем брать на себя обязательства, о которых потом придется пожалеть. Их недостаток - холодность, поскольку разум для них должен преобладать над эмоциями.

Кролик - Коза - Свинья.

Три эмоциональных знака, которых объединяет творческий потенциал. Инстинктивные, восприимчивые, чувствительные и замкнутые, они легко приспосабливаются к среде обитания и, будучи хорошими добытчиками, не прочь зависеть от других. Их ежедневные аффирмации всегда содержат в себе слова: совершенство, союз и соответствие.

Примечание: Противоположные знаки - противоположные враги:

Крыса - Лошадь

Бык - Коза

Тигр - Обезьяна

Кролик - Петух

Дракон - собака

Змея - Свинья

Свинья

Характеристики

Если бы Свинья не была такой честной, она сохранила бы больше дружеских связей, а может быть, не потеряла бы столько возможностей и подходящих контактов. Свиньи считают, что правда превыше всего, поэтому разрыв отношений беспокоит их не больше, чем отношения, основанные на открытости.

Неуверенность, которую демонстрирует Свинья, является результатом огромной озабоченности. Им приходится обдумывать все по сто раз, и даже приняв решение, они сомневаются, не был ли более удобным другой путь.

Несмотря на все эти неопределенности, когда они принимают решение, им трудно что-то изменить, и они решительно продолжают идти по этому пути.

Свиньи сговорчивы, снисходительны и справедливы. Благодаря этому они хорошо подходят для труда, а также для работы, где важна концентрация внимания.

В любви они будут верны, уступчивы и приветливы. Хотя они обладают прекрасным чувством юмора и умеют радоваться жизни, в отношениях им не стоит связываться с людьми, которые очень общительны или тяготеют к веселью, так как они любят домашний быт и предпочитают посиделки с близкими друзьями, а не с толпой.

Обладатель большой целостности, он не гнушается работать над несколькими вещами одновременно, но это не ограничивает его в стремлении к динамическим переживаниям jouissance, которые в ошибочном варианте могут стать его разрушением.

Свинья не любит быть начальником, поэтому она верный товарищ, который никогда не будет соперничать за то, чтобы быть в центре внимания, хотя иногда, сама того не замечая, своими действиями становится незаменимой.

Благотворительный и честный, он удачлив и никогда не испытывает недостатка в верном друге, который готов помочь ему, если он в этом нуждается. Однако он предпочитает не требовать, а предоставлять.

Хотя его очень легко возмутить, он быстро отказывается от враждебности, поскольку предпочитает находиться в гармонии, что делает его благодушным и покорным, готовым сотрудничать и выслушивать любые доводы. Он любит заниматься благотворительностью, его не впечатляют обязательства, он как будто рожден для борьбы с ними.

Его отрицательная сторона, если он решит ее обнажить, заключается в том, что он может быть добрым, чтобы воспользоваться определенной ситуацией и таким образом без стеснения распорядиться чем-либо так, как будто это принадлежит ему.

Если он влюбляется, то предан своей любви и верности, не требуя ничего взамен. Во все свои действия он вкладывает страсть и счастье, заставляя партнера чувствовать себя пупом мира. Он очень чувственен, не умеет скрывать своих эмоций и отрицать притязания любимого человека, отдаваясь темным страстям.

Свинья не является хорошим лидером и руководителем, и, в свою очередь, ее раздражает, что она ограничена в своих амбициях. Это делает его эгоистичным и бесполезным. Его неистребимая склонность к отдаче выражает его великую обязанность сотрудничать.

Он любит жить настоящим и старается не путешествовать в прошлое, не предвидеть будущее, благодаря чему обладает огромной силой реабилитации и железной решимостью перед лицом житейских невзгод.

Сильно дотошный, он не успокаивается, если натыкается на формальные споры, и даже если его образумить, он будет считать, что сам создал проблему, не сумев сохранить гармонию.

Кролик и Коза - его любимые спутники, поскольку они разделяют с ним потребность в спокойствии и гармонии. Тигр сопровождает его на извилистых дорогах. Крыса, Бык, Лошадь, Петух, Собака и Дракон делят со Свиньей радостные возможности.

Другая Свинья - ассоциация не из приятных, не из развлекательных, но плохо работать не будет. Самые трудные оппозиции - со Змеей и Обезьяной, так как с этими двумя злобными зверьками она всегда проигрывает.

Свинья

Металлический поросенок

Металлические Свиньи дружелюбны и высоко ценят лояльность. Они работоспособны и смелы. Их отличает чувство юмора. Они экстраверты и открыто демонстрируют свои привязанности. Они обладают дальновидностью, предприимчивостью и природным инстинктом азартности, что способствует их успеху в мире бизнеса. Однако уверенность в себе может создавать и проблемы, поскольку иногда он обещает больше, чем может выполнить, упускает существенные детали, за которые его могут раскритиковать, и может переоценить потенциал идеи.

Металлическая Свинья обладает прекрасной способностью к концентрации, ей нравится учиться или глубоко задумываться в одиночестве. Они уравновешенны и рациональны, способны докопаться до сути любого спора и быстро увидеть слабые места в логике других людей.

Этой Свинье нравится работать над проблемами, которые другие считают слишком скучными, итеративными и техническими. Они склонны посвящать себя какой-то области знаний и погружаться во все детали этой области, иногда не обращая внимания на то, что мало кто разделяет их личный интерес, особенно на их уровне.

Он привязан к своему прошлому, к месту, где родился, к семейным традициям. Для него не представляется возможным порвать с привычками и ролями, усвоенными в детстве. Сильна связь с матерью, и этот Свинья ищет ласки и защиты у партнера и других членов своей семьи.

Водяной поросенок

Водяной Свинье нелегко выражать свои мысли, даже если ей есть что сказать. Его ум склонен блуждать, и ему трудно изучать очень реалистичные предметы, в которых нет много красок и идеализма. Его восприятие и первые эмоции, которые он испытывает, скорее всего, точны, и он склонен полагаться на эту способность при принятии решений. У него есть склонность к экспрессии и способность к дружескому общению с другими людьми.

В кругу друзей его эмоциональное величие и отсутствие мелочности вызывают восхищение, к нему часто обращаются за помощью или советом. Он всегда готов не замечать недостатков других людей и иногда переходит границы сострадания.

Он обладает внутренним настроем и уравновешенностью, которые позволяют ему эффективно действовать во время травм и эмоциональных стрессов. Он сохраняет объективность при решении эмоционально насыщенных вопросов, часто досадуя на других, которые хотели бы, чтобы он реагировал более решительно.

Этот Свинья испытывает сильные эмоциональные и сексуальные влечения, и ему может казаться, что он практически не контролирует свои желания. Они испытывают всепоглощающую потребность в любви и могут быть эмоционально ненасытны. Его любовная жизнь страстна, бурна и болезненна. Ревность, борьба за власть и манипуляции могут стать конфликтными зонами в их отношениях.

Он сталкивается со многими трудностями и, возможно, препятствиями в реализации своих целей и желаний. Эти неудачи часто возникают из-за того, что Свинья делает все в спешке или пытается действовать по своей воле, не обращая внимания на то, как это отразится на других.

Деревянный поросенок

Деревянные Свиньи серьезно относятся к своим целям и знают, что постоянная работа — это единственный способ их достижения. Настойчивые усилия и концентрация на одной цели — вот те способы, которыми он добивается своих целей в жизни.

Он стоически переносит трудности и терпеливо преодолевает проблемы. В глубине души он знает, что может рассчитывать только на себя, что все будет зависеть от него, и может быть очень жестким в вопросах дисциплины, так как имеет высокие ожидания.

Эта Свинья часто ограничивает себя, сомневаясь в своих силах. Ему кажется, что при попытке проявить напористость он встречает сильное сопротивление, и это его очень расстраивает. Однако у него есть способность быть последовательным и решимость преодолеть все препятствия.

Вежливость, хорошие манеры и правильное поведение очень важны для этого Свина. Его спокойное, объективное отношение к окружающим, по-видимому, стоит на первом месте, и, хотя он действительно очень отзывчив, он не излучает особого сочувствия, поэтому окружающие могут не сразу заметить эту сторону его темперамента.

Он может казаться методичным, объективным и даже более консервативным, чем он есть на самом деле. Это человек, к которому можно обратиться за советом, за объективным мнением, но не за эмоциональной поддержкой.

Деревянная Свинья очень практична и хочет видеть ощутимые результаты своих усилий, так как она не из тех, кто плетет безумные мечты. Почти все ее мечты связаны с материальными достижениями и безопасностью, поскольку она очень любит физический мир и хочет наслаждаться им в полной мере.

Огненный поросенок

У Огненной Свиньи три основных недостатка, один из которых - упрямство. Второй - отсутствие интереса к отклонению от удобной рутины, третий - склонность к обесцениванию образного, спекулятивного и причудливого, то есть неспособность играть с идеями и возможностями, открывать свое сознание новому.

Когда Огненная Свинья решает, что она хочет сделать, она делает это с упорством, и если нужно, то жертвует собой ради достижения своих глубоких убеждений. Эта черта не очень распространена и, более того, заставляет его чувствовать себя немного не в своей тарелке по отношению к другим.

Он относится ко всему очень формально и склонен к некоторому фанатизму, хотя, возможно, и не открыто, поэтому окружающие могут не знать, насколько сильно его задевают и движут важные вещи.

Он обладает твердой волей и готов добиваться того, что действительно имеет смысл, а не идти по более легкому, но менее значимому пути.

Он сомневается в своем интеллекте и умственных способностях и очень усердно работает над учебой, чтобы это исправить. Он часто бывает очень серьезен и не заинтересован в светских беседах, а общие разговоры, вероятно, вызывают у него определенные затруднения.

Земляные свиньи

Земляные Свиньи не терпят мелочности и склонны к преувеличениям. Они также обладают прекрасным чувством драматизма. Стремление к личному признанию и необходимость сделать что-то, чем они действительно гордятся, сильно мотивируют их. Они обладают необыкновенной способностью к веселью и озорству.

Он предприимчив и заинтересован в том, чтобы добиться успеха. Он всегда находится в поиске новых возможностей и деловых начинаний и готов идти на риск, если чувствует, что его ждет победа. Чего бы он ни добился, он никогда не бывает полностью удовлетворен. Он всегда чувствует, что может добиться большего, и ставит перед собой новые цели. Он чувствует себя неудовлетворенным в ограниченных обстоятельствах и готов отказаться от сценариев относительного успеха и безопасности, если они не дают ему возможности расширяться и расти в будущем. Ему нравится постоянно расширять границы своих возможностей, чтобы понять, как далеко он может зайти.

Эта Свинья очень легко теряет терпение, особенно с нерешительными людьми. Им нужен немедленный результат, и они не выносят ожидания, что может привести к поспешным решениям. Им необходимо научиться думать, прежде чем говорить или действовать, потому что часто они действуют импульсивно, усложняя ситуацию или подвергая себя опасности.

Прогнозы 2024

В этом году Вам придется использовать свою интуицию, чтобы адаптироваться к изменениям этого года. Вам придется выйти за рамки своих обычных усилий, чтобы улучшить себя. Вы должны использовать свои знания и опыт, чтобы добиться успеха, и это будет год, когда Вы сможете преуспеть и учиться. Вам придется внести изменения в свою жизнь и в свой образ мышления, иначе вас ждет неудача.

Это будет прекрасный год для возможностей, которые не следует упускать. Вам придется постоянно проявлять решительность и идти напролом. Вы сможете доказать свою состоятельность и добиться поставленных целей. Ваши увлечения и интересующие вас темы могут завести вас дальше, чем простое отвлечение. Они могут расширить свои знания, углубиться в неизвестные и очень полезные темы. У них будет много желаний путешествовать, но для этого не хватит денег.

Те, кто работает, получат повышение зарплаты в связи со сменой должности с большей ответственностью в рамках прежней работы. Это позволит им значительно расширить свой профессиональный опыт. Если они решат сменить работу, или те, кто ищет работу, найдут для себя хорошую возможность.

Что касается денег, то у них будут крупные расходы, но они умеют хорошо контролировать свой бюджет. На отпуск у них останется не так много денег, но они смогут совершить несколько вылазок.

Вам придется изменить свой образ жизни, поскольку недавний опыт показал, что ваш образ жизни не является правильным. Вам придется изменить свой рацион питания, заняться физическими упражнениями, завести хобби, которое приносит вам радость. Это будет очень важно для их равновесия.

Для одиноких людей 2024 год будет удачным. Любовь будет на поверхности, и вы влюбитесь. Не торопитесь и проживайте каждый момент медленно, узнавая другого человека понемногу. Не торопясь. Вас также ожидает много перемен в доме и в отношениях с членами семьи.

В целом 2024 год будет позитивным, счастливым, с множеством возможностей, если вы умеете импровизировать. Вы достигнете не одной цели и будете двигаться в нужном направлении, если сумеете не терять самообладания.

Конец года — это время, когда происходят самые значительные перемены, что отчасти связано с амбициозными планами. Вы можете переехать в другой дом или поменять мебель. Это будет безумие, но это ваша самая большая иллюзия.

Сочетание знаков Зодиака с китайским гороскопом

Если объединить восточные и западные гороскопы, то поразительно, насколько они связаны и точны.

Китайский и западный гороскопы - наиболее часто используемые гороскопы. Если у Вас есть возможность глубоко разобраться в них, то это облегчит Вам их использование и централизованный подход.

Оба гороскопа основаны на положении звезд, но в китайском гороскопе используется 28 созвездий, а в западном - 88. Китайский гороскоп основан на 12 животных, которые управляют каждым годом, а западный - на 12 знаках, которые управляют каждым месяцем.

Китайский гороскоп основан на лунном календаре и является самым древним из известных на сегодняшний день гороскопов. Возможно, ваш знак зодиака совпадает с вашим знаком в китайском гороскопе, но это случается нечасто. Если бы это было так, то предсказания были бы более точными.

Между знаками обоих гороскопов существует эквивалентность:

Овен/Дракон

Телец/Серпент

Близнецы/Лошадь

Рак/Коза

Лев / Обезьяна

Дева/Петух

Весы / Собака

Скорпион / Свинья

Стрелец / Крыса,

Козерог/Овен

Водолей / Тигр

Рыбы / Кролик

Комбинации

Свинья

Овен / Свинья

Сочетание, дающее очень добрых и приветливых людей. Они миролюбивы от рождения, ненавидят проблемы и сплетни. Они избегают конфликтов, чуют их на расстоянии. Они оптимисты, обладают прекрасным психическим и эмоциональным здоровьем и способностью к напряженной работе.

Они привыкли обманывать себя в сентиментальных вопросах, и поэтому, когда их постигает разочарование, они превращаются в безе. Они щедры, находятся в постоянном поиске своей второй половинки, а когда находят ее, то отдают себя без остатка.

Телец / Свинья

В результате такого сочетания получаются очень сговорчивые люди. Они любят веселиться, жизнерадостны и обладают большим терпением. Они трудяги и борцы, а также добросердечны. Иногда им бывает неприятно, когда все происходит не так, как они хотят. Их щедростью иногда пользуются недобросовестные люди.

Они сострадательны, методичны и умеют владеть своими эмоциями.

Близнецы/Свинья

Комбинация, привнесенная в мир людьми жизнерадостными, но безответственными. Они не могут иметь обязательств, потому что они перегружены.

Они всегда и со всеми враждуют, любят спорить по мелочам. Они ревнуют своих партнеров, контролируют и не уверены в себе. У них сильное воображение, они видят призраков там, где их нет, а их репутация сомнительна.

Рак/Свинья

Очень самодостаточные люди. Они считают себя пупом Вселенной и любят, чтобы все обращали на них внимание. Они борются за свой успех и любят славу.

Он жизнерадостен и уравновешен, но очень чувствителен к критике. У них бывают резкие перепады настроения, и они очень искренни в выражении своих эмоций. Для них очень важно иметь деньги, так как они связывают свое эмоциональное состояние с этой энергией.

Лев / Свинья

Эти люди - лидеры, любят хорошую жизнь и будут бороться за комфорт, которого, по их мнению, они заслуживают. Вместе с тем они очень сострадательны и добры. Они чувствительны к эмоциям других людей и щедры по отношению к родным и близким. Они умеют контролировать свои финансы, могут быть эгоцентричными и капризными.

Им нравятся общественные и семейные мероприятия, где все собираются вместе и наслаждаются их харизматичным и привлекательным присутствием.

Дева /Свинья

Эта связь дает разумных людей. Они очень сдержанны и недоверчивы. Отличаются альтруизмом, и если не могут помочь, то посоветуют. Во время конфликтов они становятся как ледяной камень, и в любой момент могут сломаться или обвинить Вас в своих бедах. Они могут быть пессимистами, а когда получают необходимую поддержку, то склонны к депрессивным состояниям.

Они настойчивы в достижении поставленных целей, честны и не любят абсурдных задач.

Фунт /Свинья

Комбинация, отличающаяся проницательностью. Они никогда не переходят границы дозволенного, будь то в отношениях с друзьями или партнерами. Блестяще умеют вести переговоры и осторожны в суждениях.

Он делает все возможное, чтобы не быть вовлеченным в конфликтные ситуации. Он не терпит фальши, обмана и несправедливости.

Скорпион / Свинья

Эти два знака характерны для людей, которые кажутся наивными, но на самом деле очень умны. Они любят анализировать вас, чтобы понять, что вы можете дать им полезного. Они эгоистичны и тщеславны. У них есть изощренные стратегии, чтобы завоевать любовь и дружбу людей. Они харизматичны и любят быть в центре внимания.

Они планируют, не любят неожиданностей и очень легко переходят от счастья к печали.

Стрелец /Свинья

Из этих двух знаков получаются сострадательные и оптимистичные личности. Их отличает честность и отвращение к тБЫКичных людям. Это люди, которые, когда им нужно что-то сказать, не станут ходить вокруг да около, они прямолинейны и ценят, что вы с ними одинаковы. Они ценят мнение других, с благодарностью прислушиваются к советам и обладают завидной энергией.

Они добиваются всего, что ставят перед собой, потому что, имея цель, они вкладывают в нее всю свою энергию и сосредоточиваются на ней.

Козерог/Свинья

Люди с этими признаками очень спокойны, они идут по жизни, не терзая себя, и знают, что всегда есть второй шанс. Они открыто общаются и очень дружелюбны. Они эмоциональны, очень милы, с ними никогда не бывает скучно на вечеринке, так как им всегда есть что рассказать.

У них сильный темперамент, они очень достойны, им можно доверять, и, если вы откроете им секрет, они унесут его с собой в могилу.

Аквариум / Свинья

Такое сочетание обнаруживает склонность к нестандартному логическому мышлению. В целом это очень уравновешенные люди, их ум всегда активен в поисках наилучших решений из любой конфликтной ситуации.

Это добрые люди, которые с удовольствием протягивают руку помощи, всегда признают свои недостатки и учатся на собственном опыте. Они известны тем, что обладают "рентгеновским" взглядом на любую деталь, и благодаря этой характеристике они подходят для работы, требующей подобных навыков,

Рыбы /Свинья

Сочетание этих признаков характерно для людей, обладающих многими духовными ценностями. Они миролюбивы и при любых обстоятельствах будут стараться не ввязываться в конфликты. Они не эгоистичны, и, если им придется сделать для Вас что-то сверх меры, они сделают это без раздумий.

Это труженики, достойные восхищения, они стараются изо всех сил, даже если выбиваются из сил. Они останавливаются не тогда, когда устают, а когда доводят дело до конца.

Оформление дома в соответствии с требованиями фэн-шуй

Фэн-шу — это китайская философия, изучающая окружающую среду, основанная на теории июнь и я и пяти стихий. Специалисты доказали, что в древнем Китае регулярно выбирали территории, окруженные горами и имеющие реку. Это было связано не только с тем, что такие территории обеспечивали основные критерии выживания, но и с тем, что они соответствовали закономерностям, установленным Фэн-шуй. Основная идея Фэн-Шуй - достижение баланса между человеком и Вселенной. Если есть хорошие энергии, то есть и баланс, поскольку Фэн-Шуй влияет на судьбу каждого человека. Изучая Фэн-Шуй, человек может работать над своей совместимостью с природой, окружающей средой и своей жизнью, чтобы достичь большего процветания и здоровья в жизни.

Теория пяти элементов

Теория пяти элементов является одним из компонентов Фэн-Шуй. Эти элементы играют важную роль в определении правильного Фэн-Шуй в конкретном помещении. К этим элементам относятся: Огонь, Земля, Металл, Вода и Дерево, и каждый из них имеет свою специфику, символизирующую определенные аспекты жизни.

Пять элементов — это выражение, используемое в фэн-шуй для объяснения структуры природы. Эти элементы действуют совместно и должны быть всегда сбалансированы.

Фэн-шуй для двенадцати знаков китайского гороскопа

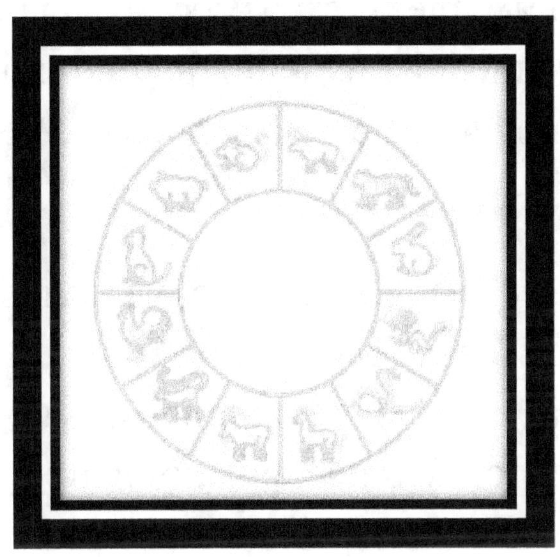

Знак Крысы

Вода благоприятствует людям, родившимся под знаком Крысы, она помогает им обрести процветание. Чтобы добиться изобилия, им следует поставить аквариум с золотыми рыбками в северной части офиса.

Знак Быка

Люди этого знака достигнут процветания, если будут использовать стихию Огня. Для этого им следует разместить фарфоровые или керамические изделия на своих предприятиях или в офисах, а также в своих домах.

Знак Тигра

Стихия земли — это то, что следует использовать людям, принадлежащим к знаку Тигра. Им следует добавить что-то соответствующее, символизирующее стихию земли. Горшечное растение или естественно растущий цветок могут принести в их жизнь процветание.

Знак кролика

Для удачи и привлечения изобилия людям знака Кролика необходим тайный элемент земли в их жизни. Для этого следует спрятать нефрит или цитрусовый кварц в северо-восточной части дома или офиса.

Знак дракона

Северо-Запад отлично подходит для тех, кто родился под знаком Дракона. В этом направлении им следует поставить чашу с чистой водой, смешанной с небольшим количеством земли. Другой вариант - поместить в чашу цветок лотоса.

Знак Змеи

Процветание придет в жизнь людей, принадлежащих к знаку Змеи, если они будут использовать в своем доме или офисе металлические предметы, в частности золото и серебро.

Знак Лошади

Северо-запад - рекомендуемое положение для людей знака Лошади, чтобы получить большой капитал. Им следует поместить

металлическую лягушку на северо-западе
своего дома или предприятия.

Знак Козы

Север - соответствующая кардинальная точка
для людей, родившихся под знаком Козы. Им
следует поместить небольшую деревянную
шкатулку или другой деревянный предмет на
севере своего офиса или дома.

Если используется деревянная коробка, то в
нее нужно положить предмет, связанный с их
профессией. Например, писатель может
положить в коробку карандаш.

Знак обезьяны

Для того чтобы в жизнь людей, родившихся
под знаком Обезьяны, пришло благополучие,
им следует поставить растение своего размера
или больше в этой кардинальной точке на
западной стороне дома или предприятия.

Знак петуха

Удача придет в жизнь тех, кто принадлежит к знаку Петуха, если они положат несколько семян в стакан, бутылку или чашу темно-красного цвета. При этом не следует использовать металл.

Знак "Собака

Людям, принадлежащим к знаку Собаки, следует отказаться от элементов Воды и Земли в своей жизни. Они могут поставить в своем офисе или доме поленья или ветки растений, но нельзя ставить их в Воду или Землю.

Знак Свиньи

Людям, родившимся под знаком Свиньи, для привлечения удачи необходим элемент Огня в их жизни. Они могут поставить в своем доме керамический поднос или другие предметы из глины.

В этот год Дракона следует носить браслеты или браслеты из жемчуга.

Амулет с фигуркой Дракона или куранты с кристаллами "Фэн-шуй удачи" следует поместить на юго-востоке дома или в семейной зоне спальни, кабинета.

Не забудьте украсить свой дом зелеными растениями, натуральными цветами различных расцветок, фотографиями, картинами или изображениями, характеризующими пейзажи и сады.

Также следует использовать деревянные украшения и не размещать фотографии умерших членов семьи рядом с текущими семейными фотографиями, так как вибрации этих фотографий несут боль и отнимают у вас энергию.

На самом деле китайский Новый год имеет множество традиций, связанных с прощанием со старым и подготовкой к новому. Одна из традиций, которую мы рекомендуем соблюдать, - не готовить на домашней кухне в первый день китайского Нового года по лунному календарю, так как доставать острые инструменты, например ножи, привлекает дурную примету. Это может лишить удачи на весь оставшийся год.

Первые 15 дней празднуется китайский Новый год, и, хотя иногда на это действительно не хватает времени, желательно провести подготовку заранее.

Если вы успеете подготовиться заранее, это поможет вам привлечь благополучие. В этом году за два дня до наступления китайского Нового года, т. е. в четверг, 8 февраля 2024 года, начните делать глубокую уборку в своем доме. Не забывайте, что уборка в первый день Нового года считается плохой приметой, так как вы выметете всю свою удачу через парадную дверь.

В ночь перед китайским Новым годом, в пятницу, 9 февраля 2024 года, спланируйте и запишите все свои цели на год, если вы не сделали этого 1 января.

Запишите абсолютно все свои желания после Новолуния в пятницу 02.09.2024 в 5:58 вечера по восточному времени. Каких целей Вы хотите достичь в профессиональной деятельности, в финансовой сфере, в любовной и семейной жизни? Составьте список для каждой сферы вашей жизни, которую вы хотите улучшить.

Если у вас есть возможность приобрести деревянный сундучок, то это будет идеальным вариантом, так как в него можно положить список желаний вместе с пиритовым кварцем и цитрином, известными как камни, привлекающие процветание и изобилие. В сундучок следует положить три китайские монеты, поскольку они являются традиционными символами изобилия.

Все, что вы положите в этот сундучок, будет защищать ваши желания и усиливать энергию процветания. Хранить сундучок следует в специальном безопасном месте, лучше всего на возвышенности, так как в этом случае вы сможете притягивать положительные энергии, находясь на видном месте.

Не забудьте надеть новую одежду, потому что она символизирует новые энергии, которые вы хотите привлечь в свою жизнь. Вам следует надеть какие-нибудь детали красного цвета.

В частности, в Новый год постарайтесь не расстраиваться, по возможности возьмите выходной, чтобы не волноваться из-за пробок и забот. Не забудьте зайти на рынок и купить пакет апельсинов, так как это символизирует приход благополучия в ваш дом в новом году.

Советы на 2024 год

Этот год благоприятен для личностного роста, поэтому следует использовать открывающиеся возможности и не только развивать свои навыки, но и осваивать новые.

Все, что вы делаете в 2024 году, — это инвестиции в ваше будущее. Это будет очень напряженный год, но его энергия обнадеживает, поскольку год Дракона предоставит вам возможности, необходимые для достижения успеха. Однако для того, чтобы получить выгоду, необходимо изучить все имеющиеся варианты и проанализировать все возможности.

Вы должны быть внимательны и готовы выслушать все советы и помощь. При наличии силы воли и инициативы перед вами откроются новые двери.

В этот год Дракона вам предстоит многому научиться, но если вы примете вызов, то сможете не только продвинуться в своей профессии и увеличить доход, но и приобрести ценный опыт.

В год Дракона вы не только получите большую финансовую выгоду, но и, благодаря своей предприимчивости, найдете хобби, которое принесет вам благополучие.

Однако необходимо соблюдать дисциплину в расходовании средств и тщательно составлять бюджет, особенно если речь идет об очень крупных сделках.

Если в течение года вам придется подписывать контракты или заключать важные соглашения, необходимо проверить условия и все последствия.

Чтобы добиться наилучших результатов, необходимо вести сбалансированный образ жизни, заниматься спортом, соблюдать режим сна и правильно питаться. Вам будет полезно завести новых друзей.

В год Дракона жизнь может вести себя загадочно и притягивать удачные события, которые откроют перед вами множество возможностей.

Шанс играет важную роль в Вашей жизни в этом году, трансформируя Ваше экономическое положение. После мая будет наблюдаться повышенная социальная активность, и Вы сможете получить массу удовольствия.

Это будет плодотворный год, в котором нужно будет принимать решения, совершать покупки и получать удовольствие.

Те, у кого есть партнер, обнаруживают, что, объединившись, они достигают большего успеха.

Это год, в котором способность воспринимать возможности принесет много пользы, Год Дракона обладает большим потенциалом, поэтому будьте открыты для возможностей и готовы к переменам и адаптации.

Год Дракона вознаградит предпринимателей.

Вечером того же дня, перед началом года, необходимо сделать уборку в доме, открыть все окна для проветривания и расставить белые и желтые цветы во всех местах общего пользования. В частности, у входа в дом следует разместить благовония корицы, сандала, эвкалипта или лаванды, либо благовония Пало Санто, Белого Шалфея или Ванили.

Необходимо хорошо окурить дом. Сахара — это действие по созданию дыма, как правило, с помощью благовоний, для ароматизации окружающей среды и использования его в качестве инструмента для очищения и взыскания.

Их особенность заключается в том, что они источают приятный аромат, который, как считается, обладает расслабляющими свойствами. Многие используют сахумерио с целью изменения энергетических вибраций своего дома.

Если у вас есть благовония, которые вы собираетесь передавать по всему дому, не забывайте делать круговые движения вправо. Если вы намерены очистить личный участок, то начинать следует с собственного тела, начиная с ног и заканчивая головой, а затем возвращаться к сердцу, делая при этом легкие круговые движения.

Поскольку это год Кролика, желательно иметь в доме пару металлических или деревянных кроликов, а если есть возможность, то и стеклянных, так как они олицетворяют стихию года - воду.

Если у Вас нет такой возможности, то Вы можете символизировать его с помощью изображений, портретов или фигурок. Считайте, что это счастливый талисман, ведь в итоге кролик стремится к процветанию. Он принесет в ваш дом большое богатство.

Еще одна рекомендация для 2024 года - покрасить некоторые стены в своем доме в небесно-голубой цвет.

Этот цвет является одним из цветов процветания в новом году. Будьте осторожны с наполнением дома синим цветом, не забывайте, что главное — это баланс. Если вы переборщите с синим цветом, то привлечете к себе уныние или апатию.

Альтернатива или вариант - носить его с собой, в виде браслета, сережек-подвески, маятника, шпалы, на кольце, брелоке или талисманом в кармане или сумочке.

Если у вас есть и кролик, и вода, то это образует ассоциацию богатства, укрытия и удачи в вашей жизни, доме или офисе. Всегда помните, что всему сопутствуют постоянство и усилия. Если у вас есть возможность приобрести некоторые растения, например базилик, который обладает большой способностью генерировать изобилие, а также способностью уходить и транс мутировать плохие вибрации, вы не пожалеете.

Жасмин - еще один хороший вариант: в вашем доме всегда будет царить аромат и хорошие вибрации.

Свежий жасмин должен быть в вашем доме всегда, когда у вас есть такая возможность, но самое главное - в первый день китайского года он должен быть в каждом уголке вашего дома.

Ритуалы начала китайского Нового года 2024

Китайский Новый год следует встречать с радостью, музыкой и великолепным семейным обедом. Это время для празднования и сосредоточения внимания на удаче и процветании в наступающем году.

Вы должны надеть новую одежду, потому что это символизирует новое начало.

Для этого дня хорошо подходит резонансный цвет, например красный, который обычно символизирует гармонию, удачу и благополучие.

В ожидании Нового года избегайте носить белое или черное, так как именно эти цвета обычно надевают на похороны.

Проведение очищения для подготовки к китайскому Новому году в виде ритуала очень полезно.

Такая уборка призвана отогнать злых духов, которые могут прятаться в углах дома.

Обычно люди меняют мебель или переставляют ее, подкрашивают краску в доме, ремонтируют поврежденные участки, моют окна большим количеством воды.

Ритуалы энергетического очищения

Вечером того же дня, перед началом нового года, следует сделать уборку в доме, открыть все окна для проветривания и расставить белые и красные цветы во всех местах общего пользования.

Конкретно у входа следует разместить благовония из корицы, сандала, эвкалипта или лаванды, а также сжечь лавровые листья. Лавр - растение, обладающее способностью защищать, очищать и исцелять. Еще один способ привлечь в дом положительные энергии - сочетание корицы с лавровыми листьями. Сожгите лавровые листья и посыпьте их порошком корицы. Когда эта смесь будет зажжена, распустите дым по всем комнатам дома.

Необходимо хорошо окурить дом. Сахара — это действие по созданию дыма, как правило, с помощью благовоний, для ароматизации окружающей среды и использования его в качестве инструмента для очищения и уборки.

Их особенность заключается в том, что они издают приятный аромат, который, как утверждается, обладает расслабляющими свойствами.

Многие люди используют благовония для изменения энергетических вибраций своего дома.

Если у вас есть благовоние, которое вы собираетесь передавать по дому, не забывайте делать круговые движения вправо.

Если вы намерены очистить личный участок, то начинать следует с собственного тела, начиная с ног и заканчивая головой, а затем возвращаться к сердцу, делая при этом легкие круги.

Поскольку это год Зеленого Деревянного Дракона, желательно иметь в своем доме пару деревянных драконов. Если у вас нет такой возможности, вы можете символизировать ее с помощью изображений, портретов или фигурок.

Еще одна рекомендация для 2024 года - покрасить некоторые стены своего дома в зеленый цвет.

Этот цвет символизирует процветание в текущем году. Не перенасыщайте свой дом зеленым цветом, помните о необходимости соблюдать баланс. Если вы переборщите с зеленым цветом, то привлечете в свою жизнь стресс.

Альтернатива или вариант - носить его с собой, в виде браслета, серег-подвески, маятника, шпалы, на кольце, брелоке или талисмана в кармане или сумочке, это сформирует ассоциацию богатства, укрытия и удачи в вашей жизни, доме или офисе.

Если вы сможете приобрести некоторые растения, такие как лаванда, рута или денежное растение, которые обладают способностью генерировать изобилие, а также способностью уходить и транс мутировать плохие вибрации, то вы не пожалеете об этом.

Поскольку вода - элемент, дополняющий дерево, фонтан у входа в дом будет привлекать благополучие. Не забывайте, что вода должна течь внутрь.

 Размещение фонтана в зоне богатства вашего дома, расположенной с левой стороны, сзади, если смотреть от входной двери, принесет вам много материальных выгод.

Наряду с зеленым, красный цвет является счастливым для 2024 года, его следует использовать в своем доме, чтобы активизировать энергию удачи. Вы можете носить красный цвет на одежде или с каким-либо другим предметом, например шарфом, шапкой или браслетом, чтобы привлечь деньги.

Китайский Новый год следует встречать с радостью, музыкой и великолепным семейным обедом. Это время для празднования и сосредоточения на удаче и процветании в наступающем году. **Следует надеть** новую одежду, поскольку она символизирует новое начало.

Для этого дня хорошо подходит резонансный цвет, например красный, который обычно символизирует гармонию, удачу и благополучие.

В ожидании Нового года избегайте носить белое или черное, так как именно эти цвета обычно надевают на похороны.

Проведение уборки для подготовки к китайскому Новому году в виде ритуала очень полезно. Такая уборка призвана отогнать злых духов, которые могут прятаться в углах дома.

Обычно люди меняют мебель или переставляют ее, подкрашивают краску в доме, ремонтируют поврежденные участки, моют окна большим количеством воды.

Об авторе

В дополнение к своим астрологическим знаниям Алина Руби имеет богатое профессиональное образование; Она имеет сертификаты по психологии, гипнозу, рейки, биоэнергетическому кристаллическому целительству, ангельскому целительству, толкованию сновидений и является духовным инструктором. Она обладает знаниями геммологи, которые она использует, чтобы запрограммировать камни или минералы в мощные амулеты или талисманы защиты.

Руби обладает практичным и целеустремленным характером, что позволило ему иметь особое и интегрирующее видение нескольких миров, облегчающих решение конкретных проблем. Алина пишет ежемесячные гороскопы для сайта Американской ассоциации астрологов; ознакомиться с ними можно на сайте www.astrologers.com. Сейчас он ведет еженедельную колонку в газете El Nuevo Herald на духовные темы, которая выходит каждую пятницу в цифровом виде и по понедельникам в печатном виде. У него также есть шоу и еженедельный гороскоп на YouTube-канале этой газеты. Его астрологический ежегодник публикуется каждый год в газете "Diario las Américas" в рубрике "Rubí Astrologa".

Руби является автором нескольких статей по астрологии для ежемесячного издания «Сегодняшняя астрология», вела занятия по астрологии, Таро, чтению по руке, исцелению кристаллами и эзотерике. У него есть еженедельное видео на астрологические темы на YouTube-канале Nuevo Herald. У нее была собственная астрологическая программа, ежедневно транслируемая по телевидению «Фламинго», она давала интервью нескольким телевизионным и радиопрограммам, и каждый год ее «Астрологический ежегодник» публикуется с гороскопом по знакам и другими интересными мистическими темами.

Она является автором книг «Рис и бобы для души» Часть I, II и III, сборника эзотерических статей, опубликованных на английском и испанском языках, «Деньги для всех карманов», «Любовь для всех сердец», «Здоровье для всех тел», Астрологический ежегодник 2021, Гороскоп 2022, Ритуалы и заклинания на успех в 2022 году Заклинания и секреты, Астрология, Классы «Ритуалы и амулеты» на 2024 год и «Китайский гороскоп на 2024 год» доступны на семи языках.

У него есть свой канал на YouTube с темами психологии, эзотерики и астрологии, где вы можете насладиться видео о родственных душах, реинкарнации, языке тела, астральных путешествиях, сглазе, заклинаниях и многих других темах.

Руби в совершенстве владеет английским и испанским языками, сочетая в чтении все свои таланты и знания. Место проживания на сегодняшний день: Майами, штат Флорида.

Для получения дополнительной информации, пожалуйста, посетите веб-сайт www.esoterismomagia.com.

Анджелина А. Руби — дочь Алины Руби. С детства интересовалась всеми эзотерическими предметами и с четырех лет занималась астрологией и каббалой. Он обладает знаниями о Таро, Рейки и Геммологи. Она является не только автором, но и редактором всех книг, изданных ею и ее мамой.

Для получения дополнительной информации вы можете связаться с ней по электронной почте: rubiediciones29@gmail.com